AF589803

EXPOSITION UNIVERSELLE DE 1867.

COMITÉ DÉPARTEMENTAL DU BAS-RHIN.

RAPPORT DE M. DUBOCQ

SUR LES

RÉSULTATS DE L'EXPOSITION

RELATIVEMENT AU BAS-RHIN.

STRASBOURG,
IMPRIMERIE DE VEUVE BERGER-LEVRAULT,
IMPRIMEUR DE LA PRÉFECTURE.
1868.

EXPOSITION UNIVERSELLE DE 1867.

COMITÉ DÉPARTEMENTAL DU BAS-RHIN.

RAPPORT DE M. DUBOCQ

SUR LES

RÉSULTATS DE L'EXPOSITION

RELATIVEMENT AU BAS-RHIN.

I. Aperçu général.

MESSIEURS,

L'Exposition universelle, qui vient de se terminer, a été incontestablement supérieure aux trois expositions analogues qui l'ont précédée.

Ce succès est dû à l'heureux choix de l'emplacement sur lequel elle a été établie, qui a permis de réunir, dans un espace de plus de quarante hectares, les beaux-arts, l'industrie, l'agriculture et l'horticulture, en un mot, toutes les manifestations si variées de l'activité humaine.

Le bon aménagement de cette vaste enceinte, les proportions du Palais construit pour recevoir les principaux produits, lequel présentait une surface couverte de 14.90 hectares, alors que dans les trois expositions précédentes les superficies couvertes n'étaient que de 9.30 hectares en 1851, 11.88 hectares en 1855 et 12.54 hectares en 1862, ont également contribué à ce résultat.

Les dimensions du Palais ont, en effet, permis d'installer, dans un ensemble de sept galeries concentriques de plain-pied, renfermant chacune les produits similaires exposés par les différents pays, et rattachées par une série de voies ferrées au réseau des chemins de fer du continent européen, les monuments si intéressants de l'histoire du travail, depuis l'âge de pierre jusqu'à nos jours, l'exposition des beaux-arts, et les produits si nombreux et si variés de l'industrie et de l'agriculture.

Le poids des matières exposées, qui a atteint 28,000 tonnes, montre les difficultés de la tâche à remplir et les avantages qu'ont présenté, pour la facilité et la rapidité de cette colossale installation, les dispositions adoptées.

L'empressement qu'ont mis les exposants de toutes les nations à répondre à l'appel que leur avait adressé la commission impériale, et à se présenter, avec leurs armes les plus brillantes, à cette lutte pacifique, doit être également considéré comme l'un des principaux éléments du succès de l'entreprise.

Dans l'exposition internationale de Hyde-Park, en 1851, sur 13,937 exposants, il y avait 7,381 exposants de la Grande-Bretagne et de ses colonies, et 6,556 étrangers; de même en 1855, la France a fourni 11,986 exposants, soit plus de moitié sur les 23,954 que comprenait l'exposition des Champs-Élysées et de l'Avenue Marbeuf.

A Kensington, en 1862, la participation étrangère a été un peu plus active, les 28,653 exposants se répartissaient comme suit:

Angleterre.	9,477
France	5,872
Autres pays	13,304
	28,653

L'Angleterre ne fournissait ainsi que le tiers des exposants. Ce résultat a encore été dépassé au Champ de Mars, où d'après les seules statistiques publiées jusqu'ici, le nombre des exposants, qui était de 42,217, se décomposait comme suit:

France	11,645
Grande-Bretagne	3,609
Autres pays	26,963
	42,217

Nos nationaux ne formaient ainsi que le quart environ des exposants, et l'on voyait pour la première fois représentés, avec l'importance que leur assigne leur valeur artistique ou industrielle, la Perse, la Turquie, les États de l'extrême Orient, ainsi que les deux Amériques, dont les expositions brillaient d'un éclat exceptionnel.

Trente-cinq pays différents ont ainsi pris part à l'exposition, et ont peuplé le parc de spécimens de leur industrie, de galeries de tableaux, et de constructions qui initiaient les visiteurs aux détails de l'aménagement de leurs demeures ou de leurs temples, ainsi qu'à l'histoire de leur passé.

Ces installations, parmi lesquelles il faut mentionner d'une manière tout exceptionnelle le beau jardin réservé de la section française, où l'on admirait, à côté des plus rares produits de l'horticulture et de la serrurerie, ces aquariums qui témoignaient des efforts incessants entrepris pour maintenir le peuplement des eaux de notre littoral et de nos rivières à la hauteur des besoins de l'alimentation publique, ajoutaient un vif attrait de curiosité à l'intérêt que présentait l'exposition proprement dite.

Si les esprits sérieux sont portés à regretter la part exagérée que l'on a faite dans cette partie de l'exposition aux détenteurs de seconde main, aux services de la bouche, ainsi qu'à toutes ces constructions bariolées, à l'effet tumultueux, qui encombraient le parc, alors que les industries productives, et notamment l'agriculture, cette mère des nations, ne disposaient que d'espaces insuffisants ou se trouvaient placées à l'arrière-plan, on est forcé de reconnaître que ces exhibitions et toutes les mesures prises pour assurer la réfection et la distraction des visiteurs ont été couronnées de succès, et que les parties les plus encombrées par le public n'étaient point celles où l'on pouvait, par l'appréciation comparée des diverses industries, étudier les forces productives des nations.

On doit ajouter que l'expérience faite lors de l'exposition internationale de 1855, où les recettes n'ont pas dépassé 3,202,485 francs, alors que les dépenses se sont élevées, non compris le palais des Champs-Élysées, à 11,264,520 francs, commandait les plus grands efforts pour assurer la réussite de la nouvelle entreprise, et que les mesures prises ont été couronnées d'un plein succès.

II. Caractère de l'Exposition.

L'un des titres particuliers qui distingue l'exposition de 1867 de ses aînées, c'est la part considérable qu'y ont prise les grandes industries qui dominent et alimentent les autres; telles que celles des produits chimiques, la métallurgie, les arts textiles qui élaborent la soie, le lin, le chanvre et le coton. L'exposition a offert ainsi un intérêt que l'on ne rencontrait pas à ce degré dans les trois expositions antérieures. Si l'industrie française y présentait, dans chacune de ses branches, un nombre d'exposants, une réunion de produits beaucoup plus considérable que la fabrication étrangère, celle-ci n'en était pas moins très suffisamment représentée pour permettre d'apprécier les progrès réalisés dans les dernières années, et de constater que les différentes branches de notre industrie, prises dans leur ensemble, n'ont pas à redouter, sous le rapport de la qualité des produits et de la beauté de l'exécution, la comparaison avec les produits similaires de nos rivaux.

Dans la branche des arts chimiques, les essais les plus récents ont porté sur la conservation des matières alimentaires, sur les aromes et sur les couleurs.

On remarque à l'exposition un extrait de viande, dans lequel M. Liebig a réussi à concentrer, sous un petit volume, les principaux éléments nutritifs et sapides de la chair des troupeaux qui peuplent les immenses plaines de la Plata. D'heureuses tentatives ont également été faites pour obtenir du lait un extrait facilement transportable.

Ces préparations qui sont encore dispendieuses, et qui n'ont point ainsi fait avancer jusqu'ici la solution de la question si importante de la vie à bon marché, n'en rendent pas moins de grands services.

Pour les vins, les beaux travaux de M. Pasteur ont permis de reconnaître la nature des éléments nuisibles que renferme le vin, et de supprimer, par le chauffage, la cause de ces maladies qui compromettaient souvent la qualité et la conservation des meilleurs produits.

En ce qui concerne les aromes, on arrive aujourd'hui à reproduire dans les laboratoires, par de simples combinaisons chimiques, ainsi qu'on l'avait déjà fait pour les odeurs employées dans la parfumerie, les saveurs des fruits, notamment de la pomme, de la poire et de l'ananas; beaucoup d'articles de confiserie commune empruntent aujourd'hui leur saveur à ces combinaisons.

Les couleurs que l'on retire du goudron de houille, depuis la belle découverte de M. Hoffmann de Berlin, sont aujourd'hui d'une application générale, et l'on trouve dans notre exposition, ainsi que dans celle de l'Angleterre, de l'Allemagne, de l'Autriche, de la Russie et des États-Unis, la plus brillante collection de ces matières colorantes, qui donnent des gammes de tons aussi riches que variées dans les couleurs jaune, rouge, bleue et violette. Les tissus qui reçoivent ces couleurs sont très-recherchés par la mode actuelle, bien qu'on leur reproche avec raison de manquer de fond, et de s'altérer promptement. On n'a pas réussi jusqu'ici à fixer ces couleurs nouvelles de manière à leur permettre de soutenir la comparaison, comme durée, avec les teintures à la cochenille et à la garance, mais ces couleurs éphémères n'en donnent pas moins lieu à un mouvement d'affaires des plus considérables que l'on évalue à plus de 30 millions.

On est également arrivé à extraïre économiquement des huiles que fournit la distillation du goudron, l'acide phénique, un désinfectant très-énergique dont les applications à l'hygiène, à la thérapeutique, à l'agriculture et à l'industrie se propagent de jour en jour.

Citons encore l'application heureuse de la cellulose membraneuse du bois à la fabrication de la pâte de papier. On avait déjà remplacé avec succès par les tiges de différentes graminées, par les pailles du maïs, les spartes, les genêts, les chiffons de fil ou de coton qui ne pouvaient plus suffire aux demandes croissantes de la papeterie; mais ces succédanés ne présentaient point les mêmes facilités d'approvisionnement que les bois tendres ou résineux de nos forêts. Les nouveaux procédés, dont l'un fonctionnait dans l'exposition du Wurtemberg, donnent une pâte très-blanche, renfermant moins de matières minérales que les produits similaires obtenus avec les autres fibres végétales et pouvant entrer jusqu'à la proportion de $^4/_5$ dans la composition de la pâte à papier. Les papiers obtenus ainsi, avec des proportions variables de pâte de chiffons, présentent une très-belle apparence, et tout porte à croire que cette industrie ouvrira un débouché nouveau au produit de nos forêts.

Dans l'industrie du fer, qui a pris un essor énorme par suite de la création des chemins de fer, de la transformation du matériel naval, où la vapeur réduit de plus en plus le rôle du navire à voiles, de l'emploi du fer pour les coques et pour l'armement des navires de guerre, enfin du développement considérable des constructions civiles et mécaniques, nos produits sont aujourd'hui au niveau des meilleures fabrications étrangères; pour la forgerie des grosses pièces notamment, les produits exposés dénotent une sûreté et une habileté d'exécution qui ne laissent rien à désirer.

Les exigences croissantes de l'industrie ont conduit à rechercher une nouvelle combinaison, présentant les qualités de l'acier comme dureté et ténacité, et dont le prix fût assez rapproché de celui du fer pour être accessible à la grande consommation.

La fabrication de l'acier puddlé avait donné, il y a une dizaine d'années, une satisfaction partielle à ce besoin. Le problème est aujourd'hui complètement résolu par la découverte du métal Bessemer, que l'on obtient en faisant traverser, par un courant d'air à forte pression, un bain de fonte liquide.

Ce métal est employé avec succès pour fabriquer des rails dont le prix n'est pas plus élevé que ne l'était celui des rails en fer, il y à quinze ans. Il joue également un rôle important dans la lutte ardente qui se poursuit entre les armures, les bouches à feu et les projectiles de la marine militaire, et se prête, en outre, à une foule d'emplois plus propres à favoriser les voies bienfaisantes de notre civilisation.

Pour ce qui est des arts textiles, les inventions récentes sont peu nombreuses et d'un intérêt restreint, l'outillage perfectionné de la filature et du tissage mécanique pénètre de plus en plus dans les usages et reçoit de nouvelles applications; le coton, le lin, la laine l'appliquent successivement avec succès, et le métier mécanique prend une part de plus en plus active à la fabrication de tissus de soie en Angleterre, en Suisse, en Allemagne et même en France. Signalons encore les essais heureux qui ont été pratiqués pour employer dans les fabrications communes les soies cardées provenant des bourres et des déchets de filatures; ces soies sont employées avec succès pour les velours et articles communs. Dans la draperie on est également parvenu à tirer parti des débris de nos vêtements, et à obtenir, à l'aide d'un effilochage et de la carde, des laines dites renaissance, qui servent à la fabrication de draps communs d'un bas prix prodigieux, de 1 fr. 70 c. à 2 fr. 25 c. le mètre, qui trouvent leur place dans la consommation.

Dans les industries des métaux précieux et de l'ameublement, par lesquelles nous terminerons cette rapide appréciation, on continue à demander des motifs de décoration aux styles divers qui depuis cinq siècles se sont successivement partagé la faveur du public. L'exécution est consciencieuse, souvent irréprochable, mais le manque d'originalité est presque général et l'on est conduit à reconnaître, en rapprochant les produits exposés des belles collections du musée rétrospectif, des tapis si remarquables de la Perse, des émaux cloisonnés de la Chine et du Japon, que, si le travail en manufacture permet de produire à plus bas prix, et de satisfaire ainsi une classe plus nombreuse de consommateurs, ce résultat n'est atteint, pour toutes les productions qui se rattachent à l'art industriel, qu'aux dépens du cachet spécial, de l'originalité, que l'ouvrier apportait autrefois à ses travaux.

III. Exposition du Bas-Rhin.

Notre département, qui est l'un des plus peuplés de la France, — il compte 128 habitants par 100 hectares, — ne présente pas de ces grands centres d'industrie qui permettent, par les salaires qu'ils répandent dans le pays, de nourrir une nombreuse population.

Le Bas-Rhin est plutôt agricole qu'industriel, ses ressources naturelles, jointes à l'activité laborieuse, aux bonnes aptitudes de sa population, y ont fait réussir un assez grand nombre d'industries dont l'ensemble ne laisse pas d'être important, et dont quelques-unes peuvent être comptées parmi les plus remarquables de la France.

Aussi notre participation à l'Exposition universelle a-t-elle été des plus satisfaisantes. Sur 102 exposants, le département a obtenu 81 récompenses, et ce nombre eût été plus élevé, si deux de nos principaux industriels n'avaient été mis hors de concours comme présidents de classes du jury.

Ces récompenses comprennent 3 promotions ou nominations dans l'ordre impérial de la Légion d'honneur, 1 grand prix, 8 médailles d'or, 20 médailles d'argent, 21 médailles de bronze, 19 mentions honorables; 3 médailles d'argent, 2 médailles de bronze, et 1 mention honorable, accor-

...u Bas-Rhin.

A.

...CERNÉES.

1844.	1849.	1851. Londres.	1855.	1862. Londres.	1867.
»	»	»	»	»	Méd. d'arg.
»	»	»	Ment. hon.	»	»
»	»	»	»	»	Méd. bronze.
»	»	»	Méd. de 2e cl.	»	»
»	»	»	Méd. de 2e cl.	»	»
»	»	»	»	»	Ment. hon.
»	Méd. bronze.	»	Méd. de 2e cl.	»	»
»	»	»	Méd. de 1re cl.	»	»
»	»	»	Méd. de 2e cl.	»	»
»	»	»	»	»	Ment. hon.
»	»	»	Ment. hon.	»	»
»	»	»	Méd. de 2e cl.	Ment. hon. et méd. de prix.	❋ Berger. Méd. d'arg.
»	»	»	Ment. hon.	»	»
»	»	»	»	»	»
»	»	»	Ment. hon.	Méd. de prix.	Méd. d'arg.
»	Méd. bronze.	»	»	»	»
»	»	»	Méd. de 1re cl.	»	Ment. hon. Méd. bronze. Méd. d'or.
»	Méd. bronze.	»	Méd. de 2e cl.	»	Méd. bronze.
»	»	»	»	»	Ment. hon.
❋ Schattenm. Rap. méd. or.	Rap. méd. or.	Méd. de prix.	Méd. d'honn.	Méd. de prix.	Méd. d'or.
»	»	»	[illegible]	»	Ment. hon.
»	»	»	»	»	»
Méd. d'arg.	R. méd. arg.	»	Méd. de 2e cl.	Ment. hon.	Méd. d'arg.
»	Ment. hon.	»	»	»	»

Relevé comparatif *des récompenses décernées aux exposants du Bas-Rhin.*

An IX — 1867.

A.

NOMS DES EXPOSANTS.	DOMICILE.	INDUSTRIE.	RÉCOMPENSES DÉCERNÉES.												
			An IX.	1806.	1819.	1823.	1827.	1834.	1839.	1844.	1849.	1851. Londres.	1855.	1862. Londres	1867.
Allinger	Strasbourg.	Facteur de pianos.	»	»	»	»	»	»	»	»	»	»	»	»	Méd. d'arg.
Amos, Jacques	Wasselonne	Bonneterie	»	»	»	»	»	»	»	»	»	»	Ment. hon.	»	»
André	Strasbourg.	Meubles de jardin, siéges et bancs en bois.	»	»	»	»	»	»	»	»	»	»	»	»	Méd. bronze.
Asile agricole	Willerhof	Agriculture	»	»	»	»	»	»	»	»	»	»	Méd. de 2e cl.	»	»
Association syndicale de	Bischwiller	Dessèchement	»	»	»	»	»	»	»	»	»	»	Méd. de 2e cl.	»	»
Auscher, B. J. et L.	Lauterbourg.	Houblons	»	»	»	»	»	»	»	»	»	»	»	»	Ment. hon.
Bailliet & Schmidt	Strasbourg.	Tapisseries en laine.	»	»	»	»	»	»	»	»	Méd. bronze.	»	Méd. de 2e cl.	»	»
Barthelmé	Sand	Agriculture	»	»	»	»	»	»	»	»	»	»	Méd. de 1re cl.	»	»
Batiston	Fort-Louis	Agriculture	»	»	»	»	»	»	»	»	»	»	Méd. de 2e cl.	»	»
Baudy	Strasbourg.	Houblons	»	»	»	»	»	»	»	»	»	»	»	»	Ment. hon.
Beckenhaupt	Bischwiller	Houblons	»	»	»	»	»	»	»	»	»	»	Ment. hon.	»	»
Berger-Levrault & fils (V^{e})	Strasbourg.	Typographie et lithographie.	»	Mention hon.	»	Mention hon.	»	»	»	»	»	»	Méd. de 2e cl.	Ment. hon. et méd. de prix.	❋ Berger. Méd. d'arg.
Bertrand, Jean-Pierre	Bischwiller	Draps	»	»	»	»	»	»	»	»	»	»	Ment. hon.	»	»
Beunat	Strasbourg.	Dorure sur bois.	»	Mention hon.	»	»	»	»	»	»	»	»	»	»	»
Blin père et fils & Bloc.	Bischwiller	Draps	»	»	»	»	»	»	»	»	»	»	Ment. hon.	Méd. de prix.	Méd. d'arg.
Bloch, Jules	Duttlenheim.	Mécanique générale.	»	»	»	»	»	»	»	»	Méd. bronze.	»	»	»	»
Bloch et ses fils (autrefois Bloch, Nephtali-Cerf).	Duttlenheim.	Fécule, amidon, glucose, tapioca, etc.	»	»	»	»	»	»	»	»	»	»	Méd. de 1re cl.	»	Ment. hon. Méd. bronze. Méd. d'or.
Blumer, Charles	Strasbourg.	Parquets.	»	»	»	»	»	»	»	»	Méd. bronze.	»	Méd. de 2e cl	»	Méd. bronze.
Boeckh, Victor	Strasbourg.	Brosses	»	»	»	»	»	»	»	»	»	»	»	»	Ment. hon.
Bouxwiller (administration des mines de).	Bouxwiller.	Mines. Arts chimiques	»	»	»	Méd. d'arg.	Méd. d'arg.	R. méd. arg.	Méd. d'or.	❋ Schattenm. Rap. méd. or.	Rap. méd. or.	Méd. de prix.	Méd. d'honn.	Méd. de prix.	Méd. d'or.
Bouxwiller (le vignoble de)	Bouxwiller.	Vins.	»	»	»	»	»	»	»	»	»	»	»	»	Ment. hon.
Bucher	Strasbourg.	Teinture	»	Méd. arg. 1re cl	»	»	»	»	»	»	»	»	»	»	»
Cerf-Lanzenberg (autrefois Lanzenberg & Cie).	Strasbourg.	Maroquin	»	»	»	»	»	»	Méd. d'arg.	Méd. d'arg.	R. méd. arg.	»	Méd. de 2e cl.	Ment. hon.	Méd. d'arg.
Christ	Strasbourg.	Taillanderie.	»	»	»	»	»	»	»	»	Ment. hon.	»	»	»	»

RNÉES.

1844.	1849.	1851. Londres.	1855.	1862. Londres.	1867.
»	»	»	»	»	Méd. bronze.
»	»	»	»	»	Méd. d'arg.
»	Citat. favor.	»	»	»	»
ap. méd. or.	❋ Bauer. Rap. méd. or.	Méd. de prix.	Hors conc. Ment. hon.	»	O❋ J. Bauer. Méd. d'or.
»	»	»	»	»	»
éd. d'or.	Rap. méd. or.	Méd. de 2e cl.	❋ De Dietrich Méd. de 1re cl. Méd. d'honn.	Méd. de prix. Ment. hon.	Prix spécial. Méd. d'or. Méd. d'arg.
»	»	»	»	»	Méd. bronze.
»	»	»	Méd. de 1re cl. Méd. de 2e cl. Ment. hon.	»	»
»	»	»	Ment. hon.	»	»
»	»	»	Ment. hon.	»	»
»	Méd. bronze.	»	Méd. de 2e cl.	»	»
»	»	»	»	»	Méd. d'arg.
»	Méd. bronze.	»	»	»	»
»	»	»	»	»	Méd. d'arg.
. méd. arg.	R. méd. arg.	Méd. de prix et méd. br.	Méd. de 1re cl.	Méd. de prix.	»
»	Ment. hon.	»	»	»	»
»	»	»	Méd. de 2e cl.	»	»
»	»	»	»	»	»
»	»	»	»	Ment. hon.	Méd. bronze.
»	»	»	»	»	Ment. hon.
»	»	»	»	»	Ment. hon.
»	»	»	»	»	»
»	»	»	Méd. de 1re cl.	»	»

NOMS DES EXPOSANTS.	DOMICILE.	INDUSTRIE.	RÉCOMPENSES DÉCERNÉES.												
			An IX.	1806.	1819.	1823.	1827.	1834.	1839.	1844.	1849.	1851. Londres.	1855.	1862. Londres.	1867.
Coanet	Strasbourg	Piqûre sur étoffe pour chaussures.	»	»	»	»	»	»	»	»	»	»	»	»	Méd. bronze.
Comité départemental du Bas-Rhin.	Strasbourg	Agriculture	»	»	»	»	»	»	»	»	»	»	»	»	Méd. d'arg.
Comice agricole de	Bouxwiller	Agriculture	»	»	»	»	»	»	»	»	Citat. favor.	»	»	»	»
Coulaux Coulaux & Cie	Mutzig Molsheim	Armes. Quincaillerie	»	Méd. d'or.	Méd. d'or. Ment. hon.	Rap. méd. or. Méd. d'or. Ment. hon.	Méd. d'or.	Rap. méd. or.	Rap. méd. or.	Rap. méd. or.	✻ Bauer. Rap. méd. or.	Méd. de prix.	Hors conc. Ment. hon.	»	O✻ J. Bauer. Méd. d'or.
Demonge & Kreutzer	Strasbourg	Vernis	Mention.	»	»	»	»	»	»	»	»	»	»	»	»
De Dietrich & fils (Ve)	Niederbronn	Fonderie et forges	»	Ment. hon.	»	»	Méd. bronze.	Méd. d'arg.	»	Méd. d'or.	Rap. méd. or.	Méd. de 2e cl.	✻ De Dietrich. Méd. de 1re cl. Méd. d'honn.	Méd. de prix. Ment. hon.	Prix spécial. Méd. d'or. Méd. d'arg.
Dietrich frères	Strasbourg	Fabriques de moutardes	»	»	»	»	»	»	»	»	»	»	»	»	Méd. bronze.
Dietsch & Cie	Robertsau (Strasb.)	Draps et draperie	»	»	»	»	»	»	»	»	»	»	Méd. de 1re cl. Méd. de 2e cl. Ment. hon.	»	»
Dietsché, Aloyse	Kœnigshoffen (Str.)	Mécanique	»	»	»	»	»	»	»	»	»	»	Ment. hon.	»	»
Dietz	Barr	Filature	»	»	Méd. bronze.	»	»	»	»	»	»	»	Ment. hon.	»	»
Dournay & Cie	Lobsann	Asphalte	»	»	»	Méd. bronze.	Méd. bronze.	R. méd. br.	»	»	Méd. bronze.	»	Méd. de 2e cl.	»	»
Doyen	Strasbourg	Pâtés de foie gras	»	»	»	»	»	»	»	»	»	»	»	»	Méd. d'arg.
Duhazier	Bocksmühl	Agriculture	»	»	»	»	»	»	»	»	Méd. bronze.	»	»	»	»
École israélite de	Strasbourg	Travaux des élèves	»	»	»	»	»	»	»	»	»	»	»	»	Méd. d'arg.
Ehmann, Hering & Gorrger. (Anciennes maisons Embser & Gœrger, Emmerich & Gœrger.)	Strasbourg	Maroquin	»	»	»	Méd. d'arg.	R. méd. arg.	R. méd. arg.	R. méd. arg.	R. méd. arg.	R. méd. arg.	Méd. de prix et méd. br.	Méd. de 1re cl.	Méd. de prix.	»
Ehrmann	Sandhof	Agriculture	»	»	»	»	»	»	»	»	Ment. hon.		»	»	»
Fleischhauer	Strasbourg	Brasseur	»	»	»	»	»	»	»	»	»	»	Méd. de 2e cl.	»	»
Forcht	Strasbourg	Bas	»	Ment. hon.	»	»	»	»	»	»	»	»	»	»	»
Franck & Cie	Schlestadt	Tissus métalliques	»	»	»	»	»	»	»	»	»	»	»	Ment. hon.	Méd. bronze.
Frick	Strasbourg	Charcuterie, choucroute	»	»	»	»	»	»	»	»	»	»	»	»	Ment. hon.
Gæcklé, Charles	Bischwiller	Navettes pour métiers à tisser.	»	»	»	»	»	»	»	»	»	»	»	»	Ment. hon.
Gac frères	Strasbourg	Toiles à voiles	»	Méd. arg. 2e cl.	»	Ment. hon.	»	»	»	»	»	»	»	»	»
Gauckler, Philippe	Wissembourg	Viticulture	»	»	»	»	»	»	»	»	»	»	Méd. de 1re cl.	»	»

ERNÉES.

1844.	1849.	1851. Londres.	1855.	1862. Londres.	1867.
»	»	»	Méd. de 1re cl.	»	»
Hors conc. Membre du jury.	Hors conc. Membre du jury.	Membre du jury. Méd. de prix.	Membre du jury. Méd. de prix.	»	C ❋ Goldenb. Prix spécial. Hors conc.
Méd. bronze.	»	»	»	»	»
Méd. d'arg.	Méd. d'arg.	»	Grande méd. d'honneur.	»	Ment. hon. Ment. h. spéc. Hors conc. Membre du jury.
»	»	»	»	»	Méd. d'arg.
»	»	»	»	»	Ment. hon.
»	»	»	Ment. hon.	»	»
»	»	»	»	»	Méd. bronze.
Ment. hon.	Ment. hon.	»	»	»	»
»	»	»	Ment. hon.	»	»
»	Ment. hon.	»	»	»	»
»	»	»	Ment. hon.	»	Méd. d'arg.
»	Méd. bronze.	»	»	»	»
»	Méd. d'or.	Méd. de prix.	❋ Herrenschmidt Méd. de 1re cl.	Méd. de prix.	Méd. d'or.
»	»	»	Ment. hon.	Méd. de prix.	»
»	»	»	»	»	Méd. d'arg.
»	Méd. bronze.	»	»	»	»
»	Citat. favor.	»	»	»	»
»	»	»	»	Méd. de prix.	»
»	»	»	»	»	Ment. hon.
»	»	»	Ment. hon.	»	»
»	Ment. hon.	»	Méd. de 2e cl.	»	Méd. bronze.
»	»	»	Méd. de 1re cl.	»	»
»	»	»	»	»	Méd. d'arg.

C.

NOMS DES EXPOSANTS.	DOMICILE.	INDUSTRIE.	RÉCOMPENSES DÉCERNÉES.												
			An IX.	1806.	1819.	1823.	1827.	1834.	1839.	1844.	1849.	1851. Londres.	1855.	1862. Londres.	1867.
GIMBEL FRÈRES	Strasbourg.	Peintres d'éventails	»	»	»	»	»	»	»	»	»	»	Méd. de 1re cl.	»	»
GOLDENBERG & Cie (autrefois Gaita & Cie).	Monswiller et Zornhof.	Quincaillerie	»	»	»	»	Méd. bronze.	Méd. d'arg.	R. méd. arg. Méd. d'arg.	Hors conc. Membre du jury.	Hors conc. Membre du jury.	Membre du jury. Méd. de prix.	Membre du jury. Méd. de prix.	»	C ✠ Goldenb. Prix spécial. Hors conc.
GOULDEN & Cie	Bischwiller	Draps	»	»	»	»	»	»	»	Méd. bronze.	»	»	»	»	»
GRAFFENSTADEN (usine de). (Autrefois Société anonyme d'Illkirch.)	Illkirch - Graffenst.	Constructions de machines.	»	»	»	»	»	»	»	Méd. d'arg.	Méd. d'arg.	»	Grande méd. d'honneur.	»	Ment. hon. Ment. h. spéc. Hors conc. Membre du jury.
GRUBER & REEB	Strasbourg.	Brasseurs	»	»	»	»	»	»	»	»	»	»	»	»	Méd. d'arg.
GRÜN & SCHUMANN	Lingolsheim	Fécule, amidon, gluten.	»	»	»	»	»	»	»	»	»	»	»	»	Ment. hon.
GUTZEIT	Molsheim	Viticulture	»	»	»	»	»	»	»	»	»	»	Ment. hon.	»	»
HARTMANN, REICHARD & Cie.	Erstein	Filature de laine peignée.	»	»	»	»	»	»	»	»	»	»	»	»	Méd. bronze.
HEILIGENTHAL & Cie	Strasbourg.	Décors en carton-pierre.	»	»	»	»	»	»	»	Ment. hon.	Ment. hon.	»	»	»	»
HEILLER, Jean-Baptiste	Schlestadt	Soie moulinée	»	»	»	»	»	»	»	»	»	»	Ment. hon.	»	»
HEINHOLD	Strasbourg.	Horloger	»	»	»	»	»	»	»	»	Ment. hon.	»	»	»	»
HENRY, L.	Strasbourg.	Pâtés de foies gras	»	»	»	»	»	»	»	»	»	»	Ment. hon.	»	Méd. d'arg.
HERRGOTT	Niederbronn	Moulage	»	»	»	»	»	»	»	»	Méd. bronze.	»	»	»	»
HERRENSCHMIDT (les fils).	Wacken (Strasb.)	Cuirs forts, courroies	»	»	»	»	»	»	»	»	Méd. d'or.	Méd. de prix.	✠ Herrenschmidt Méd. de 1re cl.	Méd. de prix.	Méd. d'or.
HOCHAPFEL	Strasbourg.	Pipes	»	»	»	»	»	»	»	»	»	»	Ment. hon.	Méd. de prix.	»
HOCK, Albert	Wacken (Strasb.).	Tissus et rubans pour modes.	»	»	»	»	»	»	»	»	»	»	»	»	Méd. d'arg.
HÜGELIN	Strasbourg.	Poêles en faïence	»	»	»	»	»	»	»	»	Méd. bronze.	»	»	»	»
HUGUENY	Strasbourg.	Pharmacien	»	»	»	»	»	»	»	»	Citat. favor.	»	»	»	»
IMBS, Joseph	Brumath	Tapis	»	»	»	»	»	»	»	»	[illegible]	»	»	Méd. de prix.	»
IMBS, Ignace	Strasbourg	Affiloir, fusil-affiloir	»	»	»	»	»	»	»	»	»	»	»	»	Ment. hon.
IHLIN, Frédéric	Strasbourg	Vétérinaire (col antitiqueur).	»	»	»	»	»	»	»	»	»	»	Ment. hon.	»	»
JUNDT & FILS	Robertsau (Strasb.).	Papier et carton-porcelaine.	»	»	»	»	»	»	»	»	Ment. hon.	»	Méd. de 2e cl.	»	Méd. bronze.
JACOB, Chrétien	Saint-Pierre, près Barr.	Tissus	»	»	»	»	»	»	»	»	»	»	Méd. de 1re cl.	»	»
KAMPMANN	Strasbourg	Chapeaux de panama et de latanier.	»	»	»	»	»	»	»	»	»	»	»	»	Méd. d'arg.

ERNÉES.

1844.	1849.	1851. Londres.	1855.	1862. Londres.	1867.
»	»	»	Ment. hon.	»	»
»	»	»	»	»	»
»	»	»	Ment. hon.	Méd. de prix.	Méd. bronze.
»	»	»	»	»	Ment. hon.
»	»	»	»	»	Ment. hon.
Méd. d'arg.	Méd. d'or.	»	Méd. de 1re cl.	»	»
»	»	»	»	»	Méd. bronze.
»	»	»	»	»	Méd. bronze.
»	»	Ment. hon.	Méd. de 1re cl.	Méd. de prix.	Méd. d'arg.
»	»	»	Méd. de 1re cl.	»	Méd. d'or. Méd. bronze.
»	Ment. hon.	»	Méd. de 1re cl. Ment. hon.	»	»
»	»	»	Ment. hon.	»	»
»	»	»	»	»	Ment. hon.
»	Ment. hon.	»	»	»	»
Méd. d'arg.	Méd. d'or.	»	»	»	»
»	»	»	»	»	»
»	»	»	❋	»	»
Méd. d'arg.	Méd. d'arg.	»	Méd. de 1re cl.	»	Méd. bronze.
»	»	»	»	»	»
»	»	»	Ment. hon.	»	»
»	»	»	»	»	Méd. d'arg.
»	»	»	Méd. de 2e cl.	»	»
»	»	»	»	»	Ment. hon.
»	»	»	»	»	Ment. hon.

D.

NOMS DES EXPOSANTS.	DOMICILE.	INDUSTRIE.	RÉCOMPENSES DÉCERNÉES.															
			An IX.	1806.	1819.	1823.	1827.	1834.	1839.	1844.	1849.	1851. Londres.	1855.	1862. Londres.	1867.
Kessler, Louis	Robertsau (Strasb.)	Produits chimiques	»	»	»	»	»	»	»	»	»	»	Ment. hon.	»	»
Kirstein	Strasbourg	Sculpteur	»	»	»	»	»	Méd. d'arg.	»	»	»	»	»	»	»
Knapp (autrefois Knapp & Schnéegans)	Strasbourg	Bronze en poudre	»	»	»	»	»	»	»	»	»	»	Ment. hon.	Méd. de prix.	Méd. bronze.
Kuhn frères & beaux-fr.	Sainte-Barbe, près Saverne	Ponts à bascule	»	»	»	»	»	»	»	»	»	»	»	»	Ment. hon.
Kuhn	Wolxheim	Viticulture	»	»	»	»	»	»	»	»	»	»	»	»	Ment. hon.
Kunzer	Bischwiller	Draps	»	»	»	»	»	»	»	Méd. d'arg.	Méd. d'or.	»	Méd. de 1re cl.	»	»
Lamasse	Robertsau (Strasb.)	Acide stéarique et oléique, bougies	»	»	»	»	»	»	»	»	»	»	»	»	Méd. bronze.
Lambling	Bischwiller	Draps	»	»	»	»	»	»	»	»	»	»	»	»	Méd. bronze.
Lang, Louis	Schlestadt	Tissus métalliques	»	»	»	»	»	»	»	»	»	Ment. hon.	Méd. de 1re cl.	Méd. de prix.	Méd. d'arg.
Langenhagen (de) fils & Hepp	Strasbourg	Chapeaux de panama et de latanier	»	»	»	»	»	»	»	»	»	»	Méd. de 1re cl.	»	Méd. d'or. Méd. bronze.
Le Bel	Bechelbronn (Lampertsloch)	Bitume et agriculture	»	Citation.	»	Citation.	Méd. bronze.	»	»	»	Ment. hon.	»	Méd. de 1re cl. Ment. hon.	»	»
Lemaitre, Émile	Strasbourg	Lithographie	»	»	»	»	»	»	»	»	»	»	Ment. hon.	»	»
Level	Strasbourg	Appareils pour l'enseignement du système métrique	»	»	»	»	»	»	»	»	»	»	»	»	Ment. hon.
Lippmann	Strasbourg	Agriculture	»	»	»	»	»	»	»	»	Ment. hon.	»	»	»	»
Maire	Strasbourg	Produits chimiques	»	»	»	»	»	»	»	Méd. d'arg.	Méd. d'or.	»	»	»	»
Marin & Schmidt	Strasbourg	Globes aérophyses	»	»	»	»	»	Méd. bronze.	»	»	»	»	»	»	»
Messmer	Graffenstaden	Ingénieur mécanicien	»	»	»	»	»	»	»	»	»	»	*	»	»
Moller, Adolphe	Obernai	Tissus	»	»	»	»	»	»	Méd. d'arg.	Méd. d'arg.	Méd. d'arg.	»	Méd. de 1re cl.	»	Méd. bronze.
Muhlberger, Gaspard	Wissembourg	Mécanique	»	»	»	»	»	»	Méd. bronze.	»	»	»	»	»	»
Muller, Adam	Keskastel	Colle forte	»	»	»	»	»	»	»	»	»	»	Ment. hon.	»	»
Muller	Strasbourg	Pâtés de foies gras	»	»	»	»	»	»	»	»	»	»	»	»	Méd. d'arg.
Neunerdt	Wasselonne	Billes ou chiques	»	»	»	»	»	»	»	»	»	»	Méd. de 2e cl.	»	»
Nœth	Strasbourg	Matériel d'ambulance	»	»	»	»	»	»	»	»	»	»	»	»	Ment. hon.
Œsinger	Strasbourg	Tuyères en cuivre rouge	»	»	»	»	»	»	»	»	»	»	»	»	Ment. hon.

…ERNÉES.

1844.	1849.	1851. Londres.	1855.	1862. Londres.	1867.
»	»	»	»	»	Méd. bronze.
»	Ment. hon.	»	»	»	»
»	»	»	»	»	Méd. bronze.
»	»	»	»	»	Méd. bronze.
»	»	»	Ment. hon.	»	»
»	»	»	»	»	Méd. d'arg.
»	Méd. bronze.	»	»	»	»
»	»	»	»	»	Méd. bronze.
»	»	»	Méd. de 2e cl.	»	»
»	»	»	Méd. d'honn. Ment. hon.	»	»
»	»	»	»	»	»
❊ Roswag. Rap. méd. or.	Rap. méd. or.	Méd. de prix.	Méd. d'honn.	Méd. de prix.	Méd. d'or.
»	Méd. bronze.	Méd. de prix.	Méd. de 2e cl. Ment. hon.	»	Méd. d'arg.
Méd. bronze.	Méd. d'arg.	»	Méd. de 2e cl.	»	»
»	»	»	Ment. hon.	»	»
»	»	»	»	»	»
»	»	»	»	Méd. de prix.	Méd. d'arg.
»	»	»	»	»	Ment. hon.
»	»	»	Méd. de 2e cl.	Méd. de prix. Ment. hon.	Grand prix.
»	»	»	Ment. hon.	»	»
»	Méd. bronze.	»	»	»	»
»	»	»	»	»	Ment. hon.
»	»	»	»	»	Méd. bronze.
»	»	»	»	»	Méd. bronze.
Méd. bronze. Ment. hon.	»	»	Méd. de 2e cl.	»	Méd. bronze.

NOMS DES EXPOSANTS.	DOMICILE.	INDUSTRIE.	RÉCOMPENSES DÉCERNÉES.												
			An IX.	1806.	1819.	1823.	1827.	1834.	1839.	1844.	1849.	1851. Londres.	1855.	1862. Londres.	1867.
ORAN	Saverne	Agriculture (blé rouge)	»	»	»	»	»	»	»	»	»	»	»	»	Méd. bronze.
PETIT-GÉRARD & RITTER	Strasbourg	Peintre verrier	»	»	»	»	»	»	»	»	Ment. hon.	»	»	»	»
PREISS & Cie (Ve)	Strasbourg	Objets et ustensiles en tôle et fer-blanc.	»	»	»	»	»	»	»	»	»	»	»	»	Méd. bronze.
PRESTEL	Strasbourg	Facteur de pianos	»	»	»	»	»	»	»	»	»	»	»	»	Méd. bronze.
PROST	Wolxheim	Viticulture	»	»	»	»	»	»	»	»	»	»	Ment. hon.	»	»
RITTI	Strasbourg	Pâtés de foies gras	»	»	»	»	»	»	»	»	»	»	»	»	Méd. d'arg.
ROBERT	Strasbourg	Galvanoplastie	»	»	»	»	»	»	»	»	Méd. bronze.	»	»	»	»
ROEDERER & Cie	Dettwiller	Madapolams écrus et blancs.	»	»	»	»	»	»	»	»	»	»	»	»	Méd. bronze.
ROEDERER, Jules	Bischwiller	Draps	»	»	»	»	»	»	»	»	»	»	Méd. de 2e cl.	»	»
ROLLAND, Eugène	Strasbourg et Paris.	Tabacs	»	»	»	»	»	»	»	»	»	»	Méd. d'honn. Ment. hon.	»	»
ROLLÉ & SCHWILGUÉ	Strasbourg	Mécanique	»	»	»	Méd. bronze	Méd. d'arg.	Méd. d'arg.	R. méd. arg.	»	»	»	»	»	»
ROSWAG, Augustin & fils	Schlestadt	Tissus métalliques	»	Méd.arg.1re cl.	R. méd. arg.	Méd. d'or.	Rap. méd. or.	Rap. méd. or.	Rap. méd. or.	✻ Roswag. Rap. méd. or.	Rap. méd. or.	Méd. de prix.	Méd. d'honn.	Méd. de prix.	Méd. d'or.
ROTH, Jean-Chrétien	Strasbourg	Instruments de musique	»	»	»	»	»	»	»	»	Méd. bronze.	Méd. de prix.	Méd. de 2e cl. Ment. hon.	»	Méd. d'arg
RURF & RICARD	Bischwiller	Draps	»	»	»	»	»	»	Ment. hon.	Méd. bronze.	Méd. d'arg.	»	Méd. de 2e cl.	»	»
SACHS	Benfeld	Tabacs	»	»	»	»	»	»	»	»		»	Ment. hon.	»	»
SAGLIO & Cie	Biblisheim	Tissus	»	»	»	»	»	Méd. d'arg.	»	»	»	»	»	»	»
SCHAAF & LAUTH	Strasbourg	Garance et ses dérivés	»	»	»	»	»	»	»	»	»	»	»	Méd. de prix.	Méd. d'arg.
SCHARRER & JÆGER	Strasbourg	Houblons	»	»	»	»	»	»	»	»	»	»	»	»	Ment. hon.
SCHATTENMANN	Bouxwiller	Agriculture	»	»	»	»	»	»	»	»	»	»	Méd. de 2e cl.	Méd. de prix. Ment. hon.	Grand prix.
SCHERTZ, Louis	Strasbourg	Navigation	»	»	»	»	»	»	»	»	»	»	Ment. hon.	»	»
SCHINDLER	Strasbourg	Batteur d'or	»	»	»	»	»	»	»	»	Méd. bronze.	»	»	»	»
SCHMIDT, Victor	Bischwiller	Rots et harnais pour tissage.	»	»	»	»	»	»	»	»	»	»	»	»	Ment. hon.
SCHMITT	Rosheim	Houblons	»	»	»	»	»	»	»	»	»	»	»	»	Méd. bronze.
SCHNÉEGANS & REEB	Strasbourg	Pâtés de foies gras	»	»	»	»	»	»	»	»	»	»	»	»	Méd. bronze.
SCHWEBEL & SCHMITT (autrefois Bourguignon, Schmidt & Schwebel).	Bischwiller	Draps	»	»	»	»	»	»	»	Méd. bronze. Ment. hon.	»	»	Méd. de 2e cl.	»	Méd. bronze.

ERNÉES.

1844.	1849.	1851. Londres.	1855.	1862. Londres.	1867.
Méd. d'or.	»	»	»	»	»
R. méd. arg.	Méd. d'or.	Méd. de prix.	Méd. de 1re cl.	»	»
❋ Silbermann. Méd. d'arg.	Méd. d'or.	Méd. de prix.	Méd. de 1re cl.	Méd. de prix.	Méd. d'arg.
R. méd. arg.	Méd. d'or. Citat. favor.	»	❋ Simon. Méd. de 1re cl.	»	»
»	»	»	»	»	»
»	»	»	»	»	»
»	»	»	Ment. hon.	»	»
»	»	»	Méd. de 1re cl.	»	»
»	»	»	»	»	Ment. hon.
»	»	»	»	»	Méd. d'or.
»	»	»	»	»	»
»	»	»	Ment. hon.	»	»
»	»	»	»	»	Ment. hon.
»	»	»	»	Méd. de prix.	Méd. bronze.
»	»	»	Ment. hon.	»	»
»	»	»	Ment. hon.	»	»
»	»	»	Ment. hon.	»	»
»	»	»	»	»	Méd. d'arg.
»	»	»	»	»	Ment. hon.
»	»	»	»	»	Méd. d'arg.
»	»	»	»	»	Ment. hon.
»	»	»	»	»	»
»	Ment. hon.	»	»	»	»

F.

NOMS DES EXPOSANTS.	DOMICILE.	INDUSTRIE.	RÉCOMPENSES DÉCERNÉES.												
			An IX.	1806.	1819.	1823.	1827.	1834.	1839.	1844.	1849.	1851. Londres.	1855.	1862. Londres.	1867.
Schwilgué	Strasbourg	Horlogerie, mécanique	»	»	»	Méd. bronze.	»	»	»	Méd. d'or.	»	»	»	»	»
Seib, J. Adam	Robertsau (Strasb.)	Toiles cirées	»	»	»	»	»	Méd. bronze.	Méd. d'arg.	R. méd. arg.	Méd. d'or.	Méd. de prix.	Méd. de 1re cl.	»	»
Silbermann	Strasbourg	Typographie	»	»	»	»	»	»	»	※ Silbermann. Méd. d'arg.	Méd. d'or.	Méd. de prix.	Méd. de 1re cl.	Méd. de prix.	Méd. d'arg.
Simon, Émile	Strasbourg	Lithographie	»	»	»	»	»	»	Méd. d'arg.	R. méd. arg.	Méd. d'or. Citat. favor.	»	※ Simon. Méd. de 1re cl.	»	»
Stammler, Henri	Strasbourg	Tissus métalliques	»	»	Méd. bronze.	Méd. d'arg.	»	»	»	»	»	»	»	»	»
Stammler, George	Strasbourg	Tissus métalliques	»	»	»	Méd. bronze.	»	»	»	»	»	»	»	»	»
Steegmüller	Strasbourg	Facteur de pianos	»	»	»	»	»	»	»	»	»	»	Ment. hon.	»	»
Steiner	Strasbourg	Agriculture	»	»	»	»	»	»	»	»	»	»	Méd. de 1re cl.	»	»
Sutterlin & Debenesse	Mutzig	Quincaillerie	»	»	»	»	»	»	»	»	»	»	»	»	Ment. hon.
Syndicat des Brasseurs	Strasbourg	Bière	»	»	»	»	»	»	»	»	»	»	»	»	Méd. d'or.
Titot-Chastellux	Haguenau	Tissus	»	»	»	»	»	Méd. d'arg.	»	»	»	»	»	»	»
Traut, Charles	Strasbourg	Charcuterie	»	»	»	»	»	»	»	»	»	»	Ment. hon.	»	»
Van der Brüle & Alexandresco	Schwabwiller	Pétroles, tableaux et dessins de mines.	»	»	»	»	»	»	»	»	»	»	»	»	Ment. hon.
Voelcker, Daniel	Benfeld	Chicorée	»	»	»	»	»	»	»	»	»	»	»	Méd. de prix.	Méd. bronze.
Vogel, Jacques	Pfaffenhoffen	Tourneur	»	»	»	»	»	»	»	»	»	»	Ment. hon.	»	»
Weil & Cie	Strasbourg	Savons	»	»	»	»	»	»	»	»	»	»	Ment. hon.	»	»
Weil & Neveux	Strasbourg	Produits chimiques	»	»	»	»	»	»	»	»	»	»	Ment. hon.	»	»
Weisgerber	Saint-Pierre, près Barr.	Tissus rouges andrinoples	»	»	»	»	»	»	»	»	»	»	»	»	Méd. d'arg.
Weyer, Louis	Saverne	Meules	»	»	»	»	»	»	»	»	»	»	»	»	Ment. hon.
Willhammer	Strasbourg	Tonnellerie, foudres	»	»	»	»	»	»	»	»	»	»	»	»	Méd. d'arg.
Wolxheim (vignoble de)	Wolxheim	Viticulture, vins	»	»	»	»	»	»	»	»	»	»	»	»	Ment. hon.
Wurtz	Strasbourg	Fonte de fer	»	»	Méd. d'arg.	»	»	»	»	»	»	»	»	»	»
Zorn de Bulach	Osthausen	Agriculture	»	»	»	»	»	»	»	»	Ment. hon.	»	»	»	»

dées aux coopérateurs; plus 2 prix et 1 mention honorable dans le grand concours international qui a été ouvert, à l'occasion de l'Exposition, entre les personnes, les établissements et les localités qui, par une organisation ou des institutions spéciales, ont développé la bonne harmonie entre tous ceux qui coopèrent aux mêmes travaux, et ont assuré aux ouvriers le bien-être matériel, moral et intellectuel.

Un jury spécial, composé de notabilités françaises et étrangères, a eu à examiner les nombreux dossiers qui ont été produits à ce sujet. Il a poursuivi pendant six mois, dans les principaux pays qui ont pris part au concours, une minutieuse enquête sur tous les faits intéressant ces améliorations du sort de l'ouvrier, qui sont l'honneur de notre société moderne.

La durée de la coopération, la formation d'une épargne, l'habitation, l'alliance des travaux agricoles avec les travaux manufacturiers, les institutions ayant pour but d'augmenter la stabilité de l'existence de l'ouvrier, le travail des jeunes filles et des mères de famille, les combinaisons propres à stimuler chez l'ouvrier l'énergie et l'esprit d'initiative, les pratiques propres à améliorer sa condition matérielle, à assurer son avenir, à réprimer les habitudes vicieuses et à en prévenir la propagation, enfin les écoles et autres institutions propres à améliorer la condition intellectuelle et morale du travailleur, ont été successivement envisagés par le jury dans sa vaste et patiente investigation.

Ces détails feront comprendre la haute portée de l'information à laquelle il a été procédé, elle touche à toutes les questions que soulève l'organisation du travail, ce problème redoutable de notre époque. Les résultats satisfaisants qu'elle a constatés ont permis d'accorder aux nombreux concurrents examinés 41 récompenses comprenant 12 prix, dont 4 ont été donnés à des industriels français, 24 mentions honorables et 5 citations. Ces récompenses ont été partagées entre 17 États de l'Europe et de l'Amérique, et notre département, qui a obtenu 2 prix et 1 mention honorable, doit être incontestablement placé au premier rang, si on le compare aux provinces des autres États qui ont participé aux récompenses.

Les deux prix ont été attribués à MM. de Dietrich, maîtres de forges à Niederbronn, et à MM. Goldenberg, manufacturiers au Zornhof, alors que la mention honorable était accordée à l'usine de Graffenstaden, appartenant à M. le baron de Bussierre.

Les mesures si intelligentes que prend cet établissement pour assurer à ses ouvriers les bienfaits de l'instruction, de logements salubres et de l'épargne, un enseignement industriel, mis en pratique de la manière la plus heureuse, qui a déjà produit nombre de sujets distingués et que l'on peut citer comme modèle parmi les institutions analogues qui ont été créées en France, feront peut-être juger que l'on a été peu libéral pour cette dernière usine, mais je dois rappeler que le nombre des récompenses était très-limité, et que le jury spécial a été conduit, en restreignant le nombre des distinctions, à laisser dans l'ombre bien des mérites, bien des bonnes mesures prises par les patrons dans l'intérêt de leurs ouvriers, et dont vous aviez été heureux de lui signaler l'existence, comme faisant ressortir la bonne harmonie qui existe, dans le Bas-Rhin, entre ceux qui coopèrent aux mêmes travaux.

En résumé, nous devons regarder le résultat de l'enquête ouverte par le jury spécial comme des plus flatteurs pour notre département, et y puiser de précieux encouragements pour persévérer dans la voie si heureusement suivie par nos chefs d'établissement et par leurs coopérateurs.

Nos produits industriels, qui étaient tous empruntés à la fabrication ordinaire et courante, n'ont pas été moins favorablement accueillis, ainsi qu'il résulte de l'exposé qui va suivre, dans lequel nos appréciations seront restreintes, par la nature même du sujet, aux seuls industriels qui ont pris part à l'Exposition.

Dans la métallurgie et la construction des machines, nous avons obtenu autant de récompenses qu'il y avait d'exposants. Ce résultat est largement justifié par les beaux échantillons de fonte, de fer, d'acier et de pièces ouvrées que présentaient au concours MM. de Dietrich, qui viennent d'assurer, par la fabrication du métal Bessemer, une nouvelle ère d'activité à leurs établissements; par les machines-outils, les puissantes machines motrices et locomotives qu'exposait Graffenstaden, et dans lesquelles la beauté de l'exécution le disputait au savant emploi de la matière; par les articles nombreux d'excellente quincaillerie envoyés par MM. Coulaux et Cie, de Molsheim, et par les établissements du Zornhof, qui montrent que nous n'avons plus à redouter la concurrence étrangère; enfin par ces toiles métalliques, dont la fabrication introduite en 1778, c'est-à-dire depuis près d'un siècle, à Schlestadt par M. Roswag, s'y est développée et naturalisée pour ainsi dire, en répondant, par des progrès et des améliorations incessants, aux demandes et exigences croissantes que lui adressait l'industrie.

Les beaux spécimens d'impression et de typographie de MM. Berger-Levrault et Silbermann, nous montrent que la patrie d'adoption de Gutenberg se maintient à la hauteur de tous les progrès de l'art de l'imprimerie.

Les aluns, les prussiates de potasse, rouge anglais et autres produits chimiques exposés par l'administration des mines de Bouxwiller, témoignent que les usines de cette société maintiennent la supériorité incontestable de leurs fabrications, tout en luttant avec avantage contre les difficultés que lui suscite la diminution croissante du prix marchand de ses produits.

Les tissus de coton de MM. Weissgerber, Mohler et Rœderer, les draperies de MM. Blin et Bloc, Lambling, Schwebel et Schmidt, de Bischwiller; les rubans aux dispositions élégantes et variées de M. Hock; les chapeaux de paille de latanier, exposés par MM. de Langenhagen et Hepp et par M. Kampmann, qui ont doté les environs de Saar-Union et de Strasbourg d'une industrie nouvelle, véritable bienfait pour les familles de nos petits cultivateurs; les instruments de musique de MM. Allinger et Roth; les beaux cuirs forts de M. Herrenschmidt; les maroquins aux couleurs si délicates et si variées de M. Cerf-Lanzenberg, montrent également que, dans ses branches les plus diverses, notre industrie a su conserver son ancienne réputation et maintenir énergiquement ses fabrications dans cette voie incessante de progrès, qui seule peut assurer de nos jours, avec toutes les facilités offertes aux échanges commerciaux, un succès durable.

Dans la section de l'agriculture, un grand prix a été accordé au savant distingué, à l'économe habile, qui a su porter l'abondance et les plantes précieuses des plus riches contrées de l'Alsace dans le domaine du Thiergarten, dont le sol, appartenant aux grés bigarrés, était d'une nature pauvre, d'un travail pénible et ingrat, et ne produisait auparavant que du seigle, quelques maigres pommes de terre et des foins acides et peu abondants. J'ai nommé l'habile directeur des mines de Bouxwiller, M. Henri Schattenmann, auquel la commission de notre concours régional de 1866 avait déjà accordé la prime d'honneur. Vous applaudirez tous à cette nouvelle distinction accordée à l'éminent vieillard, auquel notre agriculture doit ces nombreux progrès qui sont trop présents à vos mémoires pour qu'il soit utile de les rappeler ici.

L'importance des cultures spéciales de notre département, qui produit annuellement, pour ne citer que deux exemples, pour 10 millions de houblons et pour plus de 4 millions de tabacs, jointe au morcellement considérable des terres, qui empêche nos cultivateurs de supporter les frais qu'entraînent des expositions particulières, vous ont conduit à organiser une exposition agricole collective autour de laquelle sont venues se grouper plusieurs expositions individuelles, ainsi que des produits dérivés de la production agricole. L'ensemble présentait ainsi une image aussi fidèle que satisfaisante de nos cultures, comprenant des fourrages, une nombreuse collection de céréales en paille et en grains de fort belle qualité, des maïs, des fèves, des légumes secs de toute espèce, parmi lesquels on remarquait les contingents de M. Schattenmann, de l'institut agricole d'Ostwald, de l'école normale, du dépôt de mendicité de Hœrdt et des communes qui avoisinent Strasbourg.

Dans les cultures industrielles, on distinguait une belle série de houblons, à laquelle avaient concouru MM. Schattenmann de Bouxwiller, Stromeyer de Strasbourg, Luroth de Bischwiller, Thierry de Haguenau; des tabacs des arrondissements de Schlestadt et de Saverne; des chanvres, des garances, dont la culture se maintient, depuis 1750, en Alsace, à un assez haut degré d'importance, et dont les poudres s'expédient dans toutes les parties de la France, pour la teinture de la draperie; enfin, des chicorées qui fournissent à la maison Vœlcker, à Benfeld, l'élément d'une fabrication considérable.

Le vignoble était également représenté par plusieurs producteurs de Wolxheim et des arrondissements de Saverne et de Wissembourg.

Une médaille d'argent a été accordée à notre exposition collective, et plusieurs récompenses d'un ordre inférieur, aux exposants qui s'étaient groupés autour d'elle.

Nous devons encore citer, avant de quitter les produits agricoles et leurs dérivés, les fécules de MM. Bloch et ses fils, de Düttlenheim, dont la qualité supérieure assure une position hors ligne à cette ancienne maison, les belles matières colorantes que MM. Schaaf et Lauth retirent, par des procédés spéciaux, de la garance et qui donnent une gamme de tons variant du rouge groseille au bleu violacé.

Enfin, la fabrication des pâtés de foies gras, qui, si elle emprunte aux produits de l'agriculture ses matières premières, doit à l'habileté de mise en œuvre, à la bonne et consciencieuse manipulation dont elle est l'objet, la réputation européenne dont jouit cette branche d'industrie qui n'est pas sans importance pour notre pays, car la valeur de la fabrication annuelle dépasse 1,500,000 francs.

Quatre médailles d'argent ont récompensé les produits des principaux fabricants dont les noms sont dans toutes vos bouches, je veux parler de MM. Doyen, L. Henry, Müller et Ritti.

Notre brasserie, qui constitue également une branche de production très-importante pour le pays, car elle ne produit pas annuellement moins de 400,000 hectolitres de bière, dont 200,000 sont destinés à l'exportation et le surplus consommé sur place, était représentée par une exposition collective de tous les brasseurs, qui a obtenu pour ses produits une médaille d'or.

Ce succès, que justifiaient les efforts entrepris pour améliorer la fabrication, et les progrès très-réels réalisés dans la manipulation des bières de conserve, ainsi que dans la fabrication des bières d'été, ne doit point faire oublier à nos brasseurs l'accueil favorable que le public de l'Exposition a fait aux bières de l'établissement Dreher, à Klein-Schwechat, près de Vienne, et l'on doit espérer qu'ils sauront, cette fois encore, modifier leur fabrication, de manière à conserver et à voir même s'augmenter la clientèle qu'ils ont à desservir.

L'exposition particulière du grand établissement que MM. Gruber et Reeb exploitent à Kœnigshoffen, la tonnellerie de MM. Willhammer et Reeb, qui donnent à la fabrication de cet accessoire si important de la brasserie tous les soins qu'il mérite, termineront la liste des établissements sur lesquels j'ai cru devoir appeler votre attention.

Les ouvriers, chefs d'état et agriculteurs, que vous avez envoyés visiter l'Exposition aux frais du département, ont rencontré, grâce au bienveillant concours de la commission d'encouragement instituée à cet effet, toutes les facilités nécessaires pour leur installation et pour leurs études. Les rapports qu'ils ont rédigés témoignent qu'ils ont su bien employer leur temps, et profiter, chacun dans sa spécialité, des nombreux enseignements que présentait l'Exposition.

Les crédits qui vous ont été ouverts par le Conseil général, n'ont pas été dépassés. Les costumes nationaux que vous aviez exposés, qui reproduisaient les types populaires du Kochersberg et des environs de Wissembourg, ont pu être revendus au prix de revient, les frais d'emplacement et de vitrine restant à la charge de l'acheteur. Nous avons réalisé ainsi une économie considérable, et les dépenses soldées permettent d'arrêter le compte définitif de l'Exposition à 5,191 fr. 45 c., savoir :

RECETTES.

Subvention du Conseil général.	6,000f00c	
Produit de la vente des costumes nationaux	520 00	6,520f00c

DÉPENSES.

EXPOSITION AGRICOLE.

Emplacement des produits agricoles. .	1,200f00c	
Emplacement des vins et boissons. . .	313 00	
Vitrine, verrerie, bocaux, boîtes . . .	272 00	
Transport et installation des produits.	558 45	
Honoraires du délégué départemental.	300 00	
Envoi de deux agriculteurs à l'Exposition	200 00	2,843f45c
A reporter. . . .		2,843 45

		Report.	2,843f 45c

COMITÉ DÉPARTEMENTAL.

Confection de quatre costumes nationaux du Kochersberg et des environs de Wissembourg.	520f 00c	
Envoi de huit ouvriers à l'Exposition. .	800 00	1,320 00

FRAIS GÉNÉRAUX.

Gratifications aux expéditionnaires. . .	300f 00c	
Impressions diverses.	590 25	
Ports de lettres et autres menues dépenses	137 75	1,028 00
Total des dépenses . . .		5,191 45
Ce qui laisse disponible, sur le crédit ouvert, une somme de		1,328 55
Balance		6,520 00

LISTE DES RÉCOMPENSES

ACCORDÉES

AUX EXPOSANTS DU DÉPARTEMENT DU BAS-RHIN.

ORDRE IMPÉRIAL DE LA LÉGION D'HONNEUR.

COMMANDEUR :

M. GOLDENBERG, manufacturier au Zornhof, près de Saverne.

OFFICIER :

M. BAUER, Jacques, directeur de la fabrique de taillanderie Coulaux à Molsheim.

CHEVALIER :

M. BERGER, chef de la maison d'imprimerie et de librairie Berger-Levrault à Strasbourg.

NOUVEL ORDRE DE RÉCOMPENSES

POUR LES AMÉLIORATIONS PHYSIQUES ET MORALES

APPORTÉES AU SORT DES OUVRIERS.

PRIX :

MM. DE DIETRICH FRÈRES, maîtres de forges à Niederbronn.

M. GOLDENBERG, fabricant de taillanderie au Zornhof, près de Saverne.

MENTION HONORABLE :

M. le baron RENOUARD DE BUSSIERRE, propriétaire de la fabrique de machines à Graffenstaden.

RÉCOMPENSES DE L'AGRICULTURE ET DE L'INDUSTRIE.

NOMS ET PRÉNOMS.	RÉSIDENCE.	DÉSIGNATION DES OBJETS EXPOSÉS.
	GRAND PRIX.	
Schattenmann	Bouxwiller . .	Produits agricoles du domaine du Thiergarten.
	MÉDAILLES D'OR.	
Administration des Mines	Bouxwiller . .	Produits chimiques, prussiates et aluns.
Bloch et ses fils	Düttlenheim. .	Fécules, amidons, sagous, tapiocas
Coulaux & Cie	Molsheim . . .	Scies, faux, outils de taillanderie.
De Dietrich frères . . .	Niederbronn .	Bandages, roues, tôles, fontes, acier Bessemer.
Herrenschmidt (les fils de)	Strasbourg . .	Cuirs forts et minces, courroies de transmission.
De Langenhagen fils & Hepp	Strasbourg . .	Chapeaux en paille de latanier et ateliers de fabrication.
Roswag, Augustin et fils.	Schlestadt. . .	Tissus métalliques.
Syndicat des Brasseurs .	Strasbourg . .	Bières.
	MÉDAILLES D'ARGENT.	
Allinger	Strasbourg . .	Pianos.
Berger-Levrault	Strasbourg . .	Livres imprimés et reliés, impressions lithographiques et gravures sur cuivre, caractères d'imprimerie.
Blin père et fils & Bloc.	Bischwiller . .	Draperie.
Cerf-Lanzenberg	Strasbourg . .	Maroquins.
Comité départemental .	Strasbourg . .	Collection de produits agricoles.
De Dietrich frères . . .	Niederbronn. .	Bandages de roues, tôles, roues, rails, acier Bessemer, fontes moulées, vaisselle noire émaillée, échantillons de minerais.
Doyen.	Strasbourg . .	Pâtés et terrines de foie gras.

NOMS ET PRÉNOMS.	RÉSIDENCE.	DÉSIGNATION DES OBJETS EXPOSÉS.

MÉDAILLES D'ARGENT (*Suite*).

École israélite	Strasbourg . .	Travaux des élèves.
Gruber & Reeb.	Kœnigshoffen .	Bières.
Henry, Louis.	Strasbourg . .	Pâtés et terrines de foie gras.
Hock, Albert	Strasbourg . .	Tissus et rubans pour modes.
Kampmann.	Strasbourg . .	Chapeaux en paille de latanier et panamas, ustensiles servant à la fabrication.
Lang, Louis.	Schlestadt. . .	Tissus métalliques.
Müller	Strasbourg . .	Pâtés et terrines de foie gras.
Ritti	Strasbourg . .	Pâtés et terrines de foie gras.
Roth	Strasbourg . .	Instruments de musique.
Schaaf & Lauth	Strasbourg . .	Garance et ses dérivés.
Silbermann.	Strasbourg . .	Impressions typographiques en noir et en couleurs.
Weissgerber	Saint - Pierre, près Barr. . .	Rouges d'Andrinople.
Willhammer	Strasbourg . .	Tonnellerie, foudres.

Coopérateurs:

Brauer, Charles, sous-directeur, à Graffenstaden.

Wagner, chef des études, à Graffenstaden.

Léonard, chef des études pour les locomotives, à Graffenstaden.

MÉDAILLES DE BRONZE.

André.	Strasbourg.	
Bloch et ses fils	Düttlenheim.	
Blumer	Strasbourg . .	Parquets.
Coanet	Strasbourg . .	Piqûre sur étoffes p^r chaussures.
Dietrich frères	Strasbourg . .	Moutardes.
Franck & Cie	Strasbourg . .	Tissus métalliques.

NOMS ET PRÉNOMS.	RÉSIDENCE.	DÉSIGNATION DES OBJETS EXPOSÉS.
	MÉDAILLES DE BRONZE (*Suite*).	
HARTMANN, REICHARD & Cie	Erstein	Fils de laine peignée.
JUNDT ET FILS.	Strasbourg . .	Papier et carton-porcelaine.
KNAPP.	Strasbourg . .	Bronze en poudre.
LAMASSE.	Robertsau (Str.)	Acide oléique et stéarique, bougies.
LAMBLING	Bischwiller . .	Draps noirs.
DE LANGENHAGEN FILS & HEPP	Strasbourg . .	Chapeaux de feuilles de latanier, de Panama, etc.
MOHLER, Adolphe.	Obernai	Tissus de coton.
ORAN	Saverne. . . .	Agriculture. Blé rouge.
PREISS & Cie (V^{e})	Strasbourg . .	Objets et ustensiles en tôle et blanc.
PRESTEL.	Strasbourg . .	Pianos.
ROEDERER & Cie	Dettwiller . . .	Madapolams écrus et blancs.
SCHMITT.	Rosheim. . . .	Houblons.
SCHNEEGANS & REEB . . .	Strasbourg . .	Pâtés et terrines de foie gras.
SCHWEBEL & SCHMIDT . .	Bischwiller . .	Draps de cuir-laine, draps de castor, draps lissés et satins pour vêtements, nouveautés.
VOELCKER (Ve Daniel). . .	Benfeld	Chicorée.

Coopérateurs :

GOUVA, Charles, contre-maître, à Bischwiller.

NOVIS, contre-maître, à Graffenstaden.

MENTIONS HONORABLES.

AUSCHER, B. J. et L. . . .	Lauterbourg. .	Houblons.
BAUBY	Strasbourg . .	Houblons.
BLOCH ET SES FILS	Düttlenheim. .	Glucoses.
BOECKH, Victor	Strasbourg . .	Brosses.
BOUXWILLER (le vign. de).	Bouxwiller . .	Viticulture, vins.

NOMS ET PRÉNOMS.	RÉSIDENCE.	DÉSIGNATION DES OBJETS EXPOSÉS.
	MENTIONS HONORABLES (*Suite*).	
FRICK	Strasbourg . .	Charcuterie, choucroute.
GÆCKLÉ	Bischwiller . .	Navettes pour métiers à tisser.
GRÜN & SCHUMANN	Lingolsheim. .	Fécule, amidon, gluten et colle de gluten.
IMBS, Ignace.	Strasbourg . .	Fusil affiloir.
KUHN FRÈRES ET BEAU-FRÈRE.	Sainte - Barbe, près Saverne.	Pont à bascule.
KUHN	Wolxheim. . .	Viticulture, vins.
LEVEL	Strasbourg . .	Appareils pour l'enseignement du système métrique.
NOETH	Strasbourg . .	Matériel d'ambulance.
ŒSINGER	Strasbourg . .	Tuyères en cuivre pour forges.
SCHARRER & JÆGER . . .	Strasbourg . .	Houblons.
SCHMIDT, Victor.	Bischwiller . .	Rots et harnais pour tissage.
SÜTTERLIN & DEBENESSE .	Mutzig.	Limes et râpes, lames de sabre et fleurets.
VAN DER BRULE & ALEXANDRESCO	Schwabwiller .	Pétroles, tableaux et dessins de mines.
WEYER, Louis.	Saverne	Meules.
WOLXHEIM (le vignoble de)	Wolxheim. . .	Viticulture, vins.

Coopérateur :

GOELLNER, contre-maître, à Bischwiller.

www.ingramcontent.com/pod-product-compliance
Ingram Content Group UK Ltd.
Pitfield, Milton Keynes, MK11 3LW, UK
UKHW021947260726
13994UKWH00004B/1598

9 782329 443843